DE LA LIBERTÉ DE PENSER

ET DE

LA LIBERTÉ DE LA PRESSE.

DE L'IMPRIMERIE DE HOCQUET,

RUE DU FAUBOURG MONTMARTRE, N°. 4.

DE
LA LIBERTÉ DE PENSER

ET DE

LA LIBERTÉ DE LA PRESSE.

PARIS,

Chez ⎰ MONGIE, Libraire, Boulevard Poissonnière.
⎰ DELAUNAY, ⎱ Libraires, Palais-Royal.
⎱ PETIT,

1817.

DE LA LIBERTÉ DE PENSER

ET

DE LA LIBERTÉ DE LA PRESSE.

———

Les réclamations sur la *liberté de penser*,
si souvent répétées depuis un demi-siècle par
des hommes qui se disaient philosophes, n'é-
taient, comme l'expérience l'a cruellement
démontré, qu'une surprise faite à la raison
publique ; et, sous la fausse apparence des
droits imprescriptibles de l'esprit humain,
on prétendait en effet s'attribuer la faculté
de répandre universellement cette doctrine
subversible de tout *ordre social*, qui vient
de plonger l'Europe dans les plus affreuses
calamités.

Un parti faible dans son origine, commence par réclamer la *tolérance*, et quand
il sent ses forces, il prétend à la domination.
Qu'on se rappelle ce que *Voltaire* écrivait
dans une de ses lettres : Si j'avais cent mille
hommes à mes ordres, je sais bien ce que
j'en ferais. » La cruelle guerre de plume
qu'il a faite à tous ceux qui ne pensaient pas

comme lui, prouve assez qu'il ne les aurait pas employés à protéger la liberté de penser (1).

Puisque ces déclamations ont fait passer en préjugé dans le monde cette erreur si pernicieuse, et que ses funestes effets eux-mêmes, n'ont encore pu ramener l'opinion générale sur les principes du vrai, il est donc important de traiter à fonds cette question qui n'a jamais été complettement agitée.

La *Liberté de penser* est une expression fausse et démentie par le mot même, que ne comprennent pas ceux qui l'emploient.

Une *pensée* tombe dans votre esprit, comme une graine portée par le vent tombe à terre : vous pouvez à votre gré cultiver ou arracher cette plante fortuite ; mais vous n'étiez pas maître d'empêcher sa naissance.

Newton, se promenant dans un verger, voit tomber une pomme ; ce phénomène s'était offert cent fois à sa vue sans qu'il y prit garde, mais cette fois il fixe son atten-

---

(1) Les lettres de *Voltaire* à ses amis ont assez clairement manifesté les intentions de cette société obscure, qui, l'ayant pour chef, croyait parvenir à détruire la religion chrétienne.

tion; il lui vient une pensée sur la *pesanteur*; il en cherche les causes, et, par un long enchaînement de pensées successives, il en développe les lois, et les assujettit au calcul, et parvient à établir le système de la gravitation universelle.

Newton pouvait sans doute ne pas suivre cette longue série de pensées; mais il n'était pas le maître d'empêcher que cette première pensée ne lui vint.

Pourquoi cette pomme tombe-t-elle?

Fontenelle, descendant le perron du Luxembourg, pour se rendre dans un hôtel de la rue de Tournon, où il était attendu à dîner, entend l'orloge de ce palais sonner deux heures; ce timbre sonore, qui avertit tout le quartier, qui règle les mouvemens d'une multitude de gens, lui fait naître une pensée sur la nature du tems, sur l'industrie de l'homme, qui en a su mesurer la course, la diviser en période, lui assigner des époques; puis, considérant les durées comparatives qui forment précisément la notion du tems, et retombant sur sa propre durée, pensée que sa montre, mille fois regardée, ne lui avait jamais fournie, il s'apperçoit qu'il a 75 ans.

Il pouvait aussi bien ne pas poursuivre cette suite de pensées ; mais il ne pouvait pas prévenir la première : qu'est-ce que le tems?

Il est donc constant que nous n'avons pas ce qu'on veut appeler la *liberté de penser* : car une *pensée* est un regard de l'âme sur les idées que les sens lui présentent ; les idées sont les images des objets extérieurs, et les sens les admettent comme ils les rencontrent.

Mais nous avons le pouvoir d'appliquer notre intelligence à un sujet, d'en considérer toutes les faces par la pensée, et après avoir suffisamment multiplié ces regards, en avoir combiné par la réflexion tous les rapports, et leurs conséquences, ce qui s'appelle *raisonner* selon la *force d'attention* dont nous sommes capables, nous en tirons un résultat général, qu'on appelle une opinion ; et l'opinion est le jugement vrai ou faux que nous portons sur la nature des choses.

Je dis *vrai* ou *faux*, parce que dans le raisonnement, comme dans le calcul, une fraction omise porte erreur dans le compte.

Ce n'est donc pas la liberté des *pensées* que demandent ces esprits turbulens ; c'est

la liberté des *opinions* ; mais encore en cela
ils se serviraient d'une expression fausse ,
car , l'opinion n'étant que le résultat d'une
suite de pensées , elle ne peut avoir , dans
son composé , ce qui lui manque dans ses
élémens. L'opinion n'est donc pas arbitraire,
mais elle est indépendante de tout pouvoir
extérieur , et cela , parce qu'elle est un acte
intérieur et inconnu ; dans cet état ignoré,
où toute l'action se passe au-dedans de l'âme,
l'opinion ne peut être forcée que par *l'é-
vidence* , parce que la vérité est la loi des
esprits.

Mais si l'opinion se produit au-dehors
par la parole , ou par l'écriture , elle cesse
d'être une pensée , elle devient une action
publique , parce qu'elle agit sur la société ,
et elle entre sous la juridiction des lois,
comme les autres actions publiques.

Si donc , *ces francs penseurs* étaient de
bonne foi , ils devraient dire : « Nous pré-
» tendons le droit de manifester , publier ,
» propager nos opinions au gré de nos
» passions et de nos intérêts ; mais on leur
» répondra : Comment peut-on prétendre
» le droit d'empoisonner l'esprit de la jeu-
» nesse, pas des romans obscènes , d'ébranler

» la religion dans des esprits faibles par
» des livres impies, d'inspirer la haine pour
» le *gouvernement* , et de semer les dé-
» sordres civils par des libelles séditieux ,
» ou des systêmes d'innovations politiques ?
» La pensée de corrompre les mœurs de
» votre nation était un crime secret, que la
» loi ne pouvait atteindre ; mais dès que
» vous le réduisez en acte , il devient une
» action publique, soumise à la vindicte des
» lois. »

« Je suis libre , disent-ils , l'usage de mon
» esprit est à moi , et je déclare *tyran* et
» ennemi des droits de l'homme, quiconque
» prétend empêcher l'exercice de mes fa-
» cultés ».

Dans les pays où des liqueurs fortes sont
prohibées , les gens intempérans y suppléent par l'usage de l'opium : cette drogue
prise à certaine dose, les jette dans une sorte
de démence furieuse ; alors, ils se précipi-
tent dans les rues , avec une rage aveugle ,
frappent, blessent, tuent tout ce qu'ils rencontrent , la police accourt en armes , et
fait feu sur ces misérables comme sur des
bêtes fauves.

Que penserait-on , si l'un d'eux s'écriait :

« Je suis libre , l'usage de mes forces est à
» moi , et je déclare tyran et ennemi des
» droits de l'homme quiconque prétend res-
» treindre l'usage de mes facultés ! »

Voilà précisément le raisonnement de nos
philosophes.

En vain objecteront-ils : « Si mes opinions
» sont fausses , refutez-les ; l'étincelle du
» vrai sortira du choc des contradictions.»

L'expérience et une exacte observation du
caractère général des hommes , prouvent
également l'insidieuse fausseté de cette ob-
jection.

Voltaire a été constamment et solidement
refuté par des critiques savans et judicieux ,
il a pu lui-même acquérir la conviction de
ses erreurs , et il n'en a conçu qu'une haine
plus acharnée , contre la vérité ; il a cherché
à jetter le mépris public sur ceux qui la dé-
fendaient ; ne pouvant les détruire , il aurait voulu les avilir ; pour être persécuteur,
il ne lui a manqué que les forces de *Julien*
l'Apostat ; les martyrs étaient prêts ; et c'est
dans cette impuissance de sa rage qu'il écrivait : « Si j'avais cent mille hommes à mes
» ordres , je sais bien ce que j'en ferais. »

Eh bien ! ces cent mille hommes sont venus depuis ce souhait insensé , et plusieurs centaines de miliers , qu'ont-ils produit ? des ravages , des incendies , des massacres , le bouleversement et la désolation de l'Europe entière ; et la foi en Jésus-christ est restée seule debout au milieu des ruines (1).

Voltaire s'est convaincu de la vérité , sans s'y rendre , parce que l'évidence n'agit que sur l'esprit; il faut , pour soumettre le cœur une autre force qu'il avait éloignée de lui *;* il a lu toutes ses réfutations ; et cette étincelle du vrai qu'on réclame ici , s'est éteinte dans le fiel excité par la contradiction victorieuse.

Il a lu toutes ses réfutations ; mais ceux dont il a empoisonné l'esprit , les ont-ils lues ? Les raisonnemens approfondis sont moins agréables que les plaisanteries légères : tous les esprits ne sont pas capables de juger dans une controverse ; il faut des connaissances antérieures et une force d'attention

---

(1) *Quare fremuerunt gentes , et populi meditati sunt inania adversùs Dominum , et adversùs Christum ejus.*

« Qu'a produit cette insurrection générale ; et que » sont devenus les vains projets des nations contre le » Seigneur et son Christ. » **Ps.** 2.

que tout le monde n'a pas ; mais le perfide écrivain qui fait rire , s'applaudit dans sa mauvaise foi. et dit , comme le méchant :

« Le ridicule reste , et c'est ce qu'il nous faut. »

L'auteur qui flatte les passions a pour lui la secrette complicité du lecteur , qui aime mieux se laisser séduire , que de se faire éclairer.

J.J. Rousseau a dit lui-même du *Contrat Social* : « Oh ! pour cet ouvrage , c'est un » mauvais livre ; celui qui le comprendrait, » me ferait plaisir de me l'expliquer ; c'est » un livre à refaire. » (1) C'est pourtant ce mauvais ouvrage condamné par l'auteur lui-même , qui a mis le feu a tous les esprits révolutionnaires.

Joseph Lebon , ce fameux scélérat, qui a commis tant de crimes à *Arras* , au nom de la révolution française , conduit à son tour au supplice , s'écriait : « ô malheureux « Rousseau , c'est toi qui m'as perdu ! »

Le *Contrat Social* a été victorieusement refuté par le P. *Berthier*, Jésuite ; qu'a

---

(1) Voyez la brochure de M. Dusaulx , intitulée : De mes rapports avec *J. J. Rousseau*.

produit cet excellent ouvrage ? où donc est
cette étincelle du vrai , qui doit sortir du
choc des contradictions ?

Les écrits contre la *Religion* et le *Gouvernement* renferment en eux - mêmes un
poison très-subtil , car il n'agit pas seulement sur ceux qui les lisent , il s'insinue
par les conversations chez ceux mêmes qui
ne lisent pas, il influe progressivement sur
les mœurs de la société , il devient *mode* ,
il intéresse l'amour-propre sous la forme
d'élégant et de bel esprit : bientôt il ren-
contre la complicité des passions qui s'u-
nissent à lui , ce qui n'était *qu'erreur* devient
vice ; il se répand enfin , comme une sorte
d'atmosphère morale qui couvre la société
universelle , et dont le monde est infecté,
sans en connaître le principe , parce que ce
n'est l'opinion de personne , mais le préjugé
de tous. Le *libertinage* et *l'orgueil* , ces
vices originels de notre nature , toujours
prêts à se dilater, et qui n'étaient contenus
que par les lois de la religion , et celles
du gouvernement , rompent leurs digues ,
il s'élève un esprit général de révolte contre
l'autel et contre le trône , au milieu de la
nation corrompue , qui se croit éclairée,

et la dissolution entière de l'ordre social en est la suite infaillible.

J'ai dit que ce mot : *la liberté de penser*, est une expression fausse et démentie par le mot même. Je dois donc démontrer cette proposition : et ceci m'oblige à quelques recherches sommaires sur la nature du langage, et sur l'esprit primitif qui l'a formé.

Les mots, dans leur origine, portaient comme les pièces de monnaie une empreinte déterminée qui en assurait le *titre* et en fixait la *valeur*. Les abus du *langage parlé* ont graduellement effacé ce type original, et par la suite des temps, les mots comme les espèces monétaires, ont continué à circuler dans le commerce, sans égard à la diminution du titre, et à l'altération de l'empreinte; mais le *style écrit* est une banque scrupuleuse, où les espèces ne doivent être admises que sur la foi du *trébuchet*.

Le langage s'est produit et développé à mesure du besoin et par la nécessité de se faire comprendre. (1) Dans ces temps primi-

___

(1) La langue hébraïque est seule exceptée de ce principe général. On sait que toutes les origines judaïques sont d'institution divine, et si nous possédions la

tifs, les hommes entièrement livrés à la nature, recevaient d'elle toutes leurs impressions, tous leurs sentimens, toutes leurs
idées, et dans la forme la plus simple. Ils
donnèrent aux objets des noms pris de leurs
propriétés connues, et pour exprimer leurs
idées réfléchies, ils les représentèrent par la
comparaison avec ces objets visibles. Un son

---

langue des Hébreux pure et telle qu'on la parlait
avant la dispersion, nous y trouverions un dictionnaire complet de *méthaphisique* et *d'histoire naturelle*.

Je n'en citerai pour exemple que le mot hébreux
qu'on traduit par celui de *bénédiction*, qui ne remplit
pas complettement le sens, puisque ce dernier mot
signifie seulement *souhaiter du bien à quelqu'un*;
mais le mot hébreu signifie précisément la *parole du
fils* ou le *Verbe fils*, c'est-à-dire, la grâce du *Messie
qui devait venir*; comme nous invoquons la grâce du
Messie qui est venu, et ce mot seul serait la liaison
des deux testamens.

Cependant, malgré la faiblesse de la traduction,
l'idée d'invocation est toujours restée attachée au mot
bénédiction; même quand il a été détourné de son sens
direct; car on dit également *bénir Dieu* et *bénir l'eau*,
bénir l'huile, etc.; mais dans le premier sens, c'est
invocation *vers*; dans le second, c'est invocation *sur*
un objet désigné.

— Voyez Philosophie divine, tome 1er. *sub initio*.
Par Teleph. Ben. Biran.

arbitraire n'aurait eu rien pour éveiller l'intelligence, et pour fixer la mémoire, mais ce son, dérivé d'un mot déjà connu, et favorisé par le rapprochement d'un objet phisique, ainsi que par le geste qui aidait à la parole, devenait un mot nouveau convenu et arrêté : ainsi le discours était une sorte de hyéroglyphe en paroles, comme l'écriture était une sorte de hyéroglyphe en dessin : c'est une marche uniforme de l'esprit.

Souvent aussi le sentiment moral se trouvait joint à l'*idée arbstraite* dans le même mot. Les conceptions étaient simples et toujours justes.

J'en vais citer quelques exemples, que je prendrai dans la *langue latine*, parce que ses racines sont en partie tirées de la *langue grecque*, et le plus grand nombre est sorti des anciennes langues du *Latium* et de l'*Etrurie*, antérieures à l'Histoire grecque.

Ils avaient reconnu que le chêne est le plus *dur*, le plus *fort* de tous les bois; ils le nommaient *Robur, la force*. C'est aussi le nom qu'ils donnaient à la *force corporelle*. On le trouve employé dans les deux sens chez les auteurs anciens.

2

Illi robur, et æs triplex
Circa pectus erat
Qui fragilem truci
Commisit pelago ratem
Primus.

« Celui-là, sans doute, avait un cœur de
» chêne, entouré d'un triple airain, qui, le
» premier osa sur un frêle esquif affronter
» les fureurs de l'Océan. » — HORACE, liv. I,
o. 3.

Et Ovide, parlant de la vieillesse, dit :

Subruit hæc ætas, demolitur que rioris robora.

» Cet âge mine sourdement, et démolit en
» détail les forces de l'âge qui le précé-
» dait. »

Du mot *vis* qui signifiait la *force morale*,
ils avaient tiré le mot *vir* qui signifie l'homme
moralement fort, l'homme à caractère, pour
le distinguer de l'*homme* en *général*, *homo*,
dont ils avaient tiré le mot, *humanité*, qui
exprime cette bienveillance universelle, par
laquelle l'homme s'élève au-dessus des ani-
maux qui ne vivent que pour eux-mêmes.

Mala sua non sentire, non est hominis, et non ferre
non est viri.   SENEQ.

Il n'est pas dans l'*homme* d'être insensible

à ses maux; mais il est indigne d'un *homme de cœur* de ne pas les supporter.

Et Térence dit :

Homo sum, humani nihil a me alienum puto.

TERENT.

» Je suis homme, et rien de ce qui touche
» l'humanité ne peut m'être étranger. »

De ce même mot *vis*, la *force morale*, ils avaient encore tiré *virtus*, *la vertu*, ce caractère constant de *l'homme moralement fort;* car dans ces temps primitifs où les idées étaient simples et naturelles, nées de l'observation et de l'expérience, ils avaient reconnu que la vertu est un effort sur la nature qui nous porte vers nos intérêts; une immolation constante de l'*égoisme* à la *bienveillance;* ils avaient compris que cette lutte constante exige de la force dans l'âme, et une continuelle attention sur soi-même. Ce qui a fait dire à Sénèque : *Discenda* VIRTUS *est, ars est bonus fieri.* » Il faut apprendre la vertu, c'est un grand travail que de se rendre homme de bien (1).

---

(1) Je dois faire ici une observation curieuse, et qui n'est pas inutile.

Par une suite de cette même simplicité

Sénèque avait une imagination vive, et quelquefois
une idée brillante surprenait son jugement ; mais il
ne tardait pas à reconnaître l'erreur, et s'il n'avait pas
le courage d'effacer une belle tirade, parce qu'il la
trouvait fausse, au moins il avait la candeur d'ajouter
le vrai à la suite du faux ; sans égard au démenti qu'il
se donnait à lui-même, il venait de dire quelques
lignes plus haut que ma citation :

*Sanabilibus ægrotamur malis, ipsa que nos in rectum
genitos natura si emendari velimus juvat. Natura de
nobis conqueri debet, et dicere : Quid hoc est! sine
cupiditatibus vos genui, sine irâ, sine invidiâ, sine
avaritiâ, cæteris que pestibus : quales intrastis exite.
Percepit sapientiam, si quis tam innocens moritur,
quam natus est.*

« Les maux qui nous travaillent ne sont pas sans
» remède, et la nature qui nous avait formés sur un
» modèle parfait de rectitude, nous aide à nous
» redresser si nous le voulons : la nature doit se plaindre
» de nous et s'écrier : Qu'est-ce donc ? je ne vous avais
» pas donné toutes ces passions à votre naissance, la
» la colère, l'envie, l'avarice; etc. sortez de la vie tels
» que vous y êtes entrés. Celui-là, sans doute,
» peut se flatter d'avoir acquis la sagesse, qui meurt
» aussi innocent qu'il était né. »

J.-J. Rousseau, sophiste et déclamateur, en lisant
ces deux propositions contradictoires, avait à choisir
entre l'erreur et la vérité, et pour appuyer ses para-
doxes d'un nom célèbre, il s'est avidement saisi de

d'idées naturelles , ils avaient trouvé dans la *religion* , le principe des rapports *sociaux* des hommes entre eux , et dans la *propriété*, la base et le fondement de la société , ce qui leur était évident , par la comparaison de leur nouvel état , avec celui dont ils sortaient : trop éloigné du parallèle de ces deux expériences , et livré aux chimériques spéculations de son orgueilleuse morosité, *J.-J. Rousseau* pouvait seul regretter *l'état sauvage* et vouloir *l'abolition de la société* , parce qu'il n'en était pas le chef.

Mais le caractère des anciens se marque dans la formation de leur langage : on y observe une *raison saine* animée par une vive *sensibilité* , et par une imagination pittoresque , chacun de leur mot semble un *chiffre moral.*

Le nom même de *religion* prouve la haute idée qu'ils avaient de ce sentiment propre à l'homme seul, qui le met en rapport direct avec Dieu et règle ses relations

---

faux , et en a fait l'épigraphe de son Emile. Voilà la bonne foi de l'oracle du 18me. siècle , et qui prenait pour devise : *Vitam impendere vero.* Consacrer sa vie à la vérité.

avec ses semblables. Car le mot *religio*
signifie ce qui lie de nouveau ; *Quod rur-
sùs ligat, quod religat.*

Le premier lien des hommes entr'eux,
c'est ce sentiment de *bienveillance générale*
qu'on appelle l'*humanité*, parce qu'il tient
à notre nature ; mais ils avaient éprouvé
que ce lien peut souvent être rompu par la
violence des intérêts personnels : le second
lien qui le fortifie et que rien ne peut rom-
pre, c'est la pensée qu'un Dieu *voit tout et
juge tout* : ce qui donne lieu au sentiment
de la *conscience*. (1)

Par une suite de cette pensée que la religion n'est pas une *séance de l'esprit*, mais
un *sentiment du cœur* que l'esprit seulement
reconnaît, approuve et dirige, et que la
religion seule produit la conscience. Ils ren-
fermèrent sous le même mot *sapere*, ces
deux notions si différentes, *goûter les ob-*

---

(1) C'est ce qui faisait dire à Cicéron : *O quam
pura et sancta fit societas civium inter se conversan-
tium, diis immortalibus adhibitis tum testibus, tum
judicibus !* O que la société des hommes devient pure
et sainte, par la seule pensée des dieux immortels
interposés comme témoins et comme juges.

jets sensibles, et *goûter les actions morales;* et ils en tirèrent au propre et au figuré les deux mots , *sapor, saveur* et *sapientia, sagesse,* comme voulant dire que la *sagesse* est le *goût de la vertu.*

C'est dans le même esprit qu'ils appelèrent le *serment jus-jurandum, le droit qu'on va exposer avec droiture* : on le prononçait en présence des Dieux , et il assurait la *bonne foi* de tous les engagemens.

A mesure que ces sentimens se sont éteints, la société s'est corrompue , et le bel-esprit n'a plus fait que déplorer avec élégance, le torrent des mœurs qui entraîne de plus en plus, sans qu'on puisse jamais le remonter. Un poète du siècle d'Auguste, s'écriait déjà :

Tunc meliùs tenuere fidem cum paupere cultu
Stabat in exiguâ ligneus æde Deus !

PROPERT.

» Hélas ! la foi était mieux gardée , lorsque
» dans un culte, pauvre encore , et sous une
» rustique cabane , on la jurait aux pieds
» d'un Dieu de bois ! »

Toujours, dans cette idée , qu'une société bien réglée , est ce qui assure le bonheur public ou individuel , ils nommèrent *Ma-*

thésis la *science* (par excellence) ce que nous nommons les *mathématiques* ; cette science qui enseigne à détermiuer les mesures , les *proportions* , les *rapports* des choses entr'elles : on conçoit que dans une société naissante , l'art de *mesurer* et de *fixer les propriétés* , de régler les proportions et les *valeurs* dans les *échanges du commerce* , dût être la *science par excellence* , puisque c'était celle du plus *grand intérêt* , et sous ces deux rapports , ils mirent leur sécurité sous la sauve-garde de la religion. Le Dieu *Terme* assurait les limites , le Dieu *Mercure* présidait aux échanges.

Ils avaient appellé la *science* , celle qui , par le bon ordre , assure le maintien de la société. Ils appellèrent l'art (par excellence) celui qui , par la protection et la défense , en assure la durée. C'est ce qui signifie *taktin* chez les Grecs , *tactica* chez les Latins, et parmi nous la *tactique* ; on voit dans *Homère* , par la description des combats devant *Troye* , que la guerre ne fut d'abord qu'une multitude de *duels* en masse ou en *détail* , sans règles, sans ordre et sans ensemble : quand on eut inventé la méthode de combiner les mouvemens d'une multitude d'hommes, de manière à les faire concourir tous à un but commun, d'après un plan général dont la pensée n'existe que dans la tête d'un seul chef; cette méthode dut en effet s'appeler *l'art* (par excellence), puisque c'était celui qui assurait la conservation de la société.

Toutes les vues des anciens étaient tournées vers la société, et ils sentaient si vivement l'importance dont elle est, pour le bonheur des hommes, que chez eux la patrie était une divinité qui avait son culte et ses autels. On connaît les médailles frappées à la fortune de Rome, avec cette exergue *fortunæ sedenti*, à la *fortune inébranlable*.

Le nom d'*art* qu'ils donnaient à la tactique, était donc appliqué avec beaucoup de justesse; car la science est la connaissance spéculative des choses acquises par l'étude, et l'art est la connaissance des moyens d'exécuter au dehors les conceptions de l'*intelligence*.

Mon sujet m'entraîne malgré moi, et m'oblige de développer ici quelques idées qui sont réstées trop confuses dans le langage même des écrivains; car il arrive souvent que de bons esprits même ne donnent pas

assez d'attention à l'analyse des idées ; pour
fixer à chaque mot la valeur spécifique de
sa signification propre , d'où il résulte des
notions fausses ou incomplettes sur le sujet
qu'o veut traiter.

L'abbé *Batteux*, dans son *Traité des
Beaux-Arts réduits à un principe*, a défini
l'art : *la science de faire bien ce qu'on fait.*
Cette définition vague et indéterminée ne
donne pas l'idée de la chose, et elle présente une notion fausse ; car en voulant définir l'*art*, il se trouve que c'est le *talent*
qu'il a défini.

Il est évident qu'il a été trompé par l'habitude d'une expression louche qu'on emploie dans le *langage parlé* : mais une expression commune ne doit être admise
dans le *style écrit*, qu'après un mûr examen
de son poids et de sa valeur (1).

_____

(1) La justesse du choix dans les expressions donne
au style la clarté, l'énergie et de la précision; car
un mot bien choisi, souvent fait phrase à lui seul.
Chacun croit pouvoir écrire, parce que chacun parle;
mais dans la conversation , il est rare qu'on s'énonce
avec une parfaite pureté; on parle *à-peu-près* ; le ton
du discours, l'inflexion de voix, et une multitude de
circonstances suppléent à ce qui manque au fini de

En effet, quand on dit d'une chose, qu'elle est *artistement* faite, pour exprimer qu'elle est extrêmement bien faite, cela signifie que la délicasesse du travail indique une grande finesse d'intelligence dans celui qui a trouvé les moyens d'exécuter un ouvrage si parfait : il a agi en artiste qui joint la conception à l'exécution. Alors cette expression est fort juste, et rentre dans la définition que j'ai donné de l'art.

Les arts sont des *théories* de l'esprit, susceptibles d'être manifestées au dehors par des *effets sensibles*, et cette définition est exacte depuis l'*art oratoire* jusqu'à l'art de la *boulangerie*.

---

l'expression ; mais dans le style écrit, la pensée doit ressortir par sa propre physionomie ; quiconque écrit comme on parle, est obscur, trivial et incorrect. C'est la même différence qu'entre une *perse fine* dont les couleurs sont exactement circonscrites dans la ligne du dessin, et ces toiles peintes grossières, dont les couleurs excèdent le trait, ou restent en deçà. Le principe que j'expose a été donné en *maxime* par le législateur du goût.

« Avant donc que d'écrire, apprenez à penser »
BOILEAU, Art. poét.

Mais ces théories sont de deux espèces :
celles qui se proposent d'exprimer et de communiquer les passions de l'âme, ont mérité
par la grandeur de leur objet qu'on les appe-
lât les beaux-arts ou les arts libéraux. Et ces
deux noms leur étaient justement attribués,
le premier, parce qu'ils sont l'expression du
beau *dans* les sentimens de l'âme, dans les
pensées de l'esprit et dans les formes de la
nature.

Le second, par les bienfaits qu'ils avaient
répandus sur l'humanité : car c'étaient eux
qui avaient formé la civilisation dans la
Grèce, c'étaient eux qui dirigeaient la société, qui l'animaient, qui la charmaient,
par l'éloquence, la poésie, la peinture, la
sculpture, l'architecture et la musique par
les jeux du théâtre, et par tous les monu-
mens des deux plus nobles passions de
l'homme, l'amour et la gloire : ainsi les
Grecs, avec leur sensibilité vive et leur imagination pittoresque, qui donnaient à tout
le mouvement et la vie, se représentèrent
les arts comme des dieux bienfaisans qui
avaient libéralement versé sur les hommes
la profusion du sentiment et le luxe du génie ; ils les appelèrent les arts libéraux et les

représentèrent sons la figure d'*Apollon*, *de Minerve et des Muses* (1).

---

(1) On a méconnu la justesse et la vivacité senti-mentale de cette expression, quand on a cru que ce mot *libéral* signifiait ce qui n'appartient qu'aux hom-mes libres. C'est un contre-sens évident; et en partant de cette première erreur, on l'a étendue et déve-loppée dans d'autres expressions également fausses, qu'on en a dérivées. C'est ainsi que s'est introduit d'abord dans des écrits superficiels, et par suite dans les conversations, cette expression néologique, absolument fausse, les *idées libérales*, pour dire les idées qui tiennent à l'esprit de liberté. C'est ainsi que les langues vivantes se corrompent et deviennent un *jargon* par l'introduction arbitraire de mots fabri-qués au hasard, et c'est ce qui rendrait nécessaire un *Dictionnaire étymologique et analytique* qui fixerait avec certitude l'origine et le vrai sens de chaque mot.

Si les anciens avaient entendu ce mot: *les arts libé-raux*, dans le sens qu'on veut lui donner, ils n'auraient pas dit, *artes liberales*, mais *artes libertini*, car c'est le mot qu'ils employaient pour désigner ce qui *appar-tient à la liberté*.

Quand *Horace* veut nous apprendre que son père était un affranchi, un homme qui avait *acquis* la li-berté, il dit: *patre libertino natus* et non pas *patre liberali*.

Le mot *liberalis* ne vient pas de *libertas*, mais de *libet*, *libens*: l'homme libéral est celui qui donne vo-lontiers, qui dat *libens*, et dare *libet*.

La seconde espèce de théories de l'esprit, susceptibles de se manifester par des actes extérieurs qui, dans le cercle rétréci de leurs conceptions, ne s'occupaient que des choses usuelles, et donnaient plus d'exercices à la main qu'à l'esprit, elles furent nommées les arts mécaniques ou les métiers ; leurs agens *artisans*, et les derniers qui ne prêtent que le secours de leurs mains, sont appelés *ouvriers*, parce qu'ils opèrent; car il n'y a point d'art, là où il n'y a que peu ou point d'emploi de l'esprit.

A l'égard du titre d'artiste, qui semblerait appartenir à ceux qui cultivent, ou qui exercent les Beaux Arts, il est rare dans sa juste application. L'ignorance et la vanité l'accordent, ou l'usurpent sans raison et sans droit : un danseur, une chanteuse, un comédien s'intitulent artistes, des journalistes sans sciences, sans arts, et sans talent, répètent innocemment cette sottise, et croi-

---

Ce qui tient de la liberté devrait donc s'appeler *libertin*, dans un sens général, si déjà il n'avait été détourné à une acception particulière, qui pourtant rentre dans le vrai sens, puisqu'on appelle *libertin* celui qui abuse de sa liberté. On verra plus bas la racine et le vrai sens du mot liberté.

raient se justifier en alléguant qu'on dit :
l'art de la danse , l'art du chant, l'art dramatique.

On a vu même la démence de *l'orgueil
révolutionnaire*, confondre toutes les classes , et brouiller toutes les idées, au point
d'afficher sur des enseignes; *N. aritste cou-
turière* , *N. artiste décroteur* : il n'y avait
plus d'artisans ; il n'y avait plus d'ouvriers.

Le nom d'*artiste* n'appartient précisément
qu'à celui qui , ayant conçu la composition
d'un sujet , l'exécute dans un ouvrage sensible et permanent ; il doit joindre l'exécution de la main à la conception de la pensée ; ce titre appartient donc exclusivement
au *statuaire* , au *peintre* et au *dessinateur*.

Dans les Beaux Arts , la théorie et la pra-
tique sont essentiellement séparées , et forment deux genres bien distincts , l'un est la
métaphisique de l'art , l'autre en est la mé-
canique.

Racine a atteint le plus haut point de perfection dans l'*art dramatique* ; et cependant
il n'est pas un artiste ; il est un génie sublime;
l'esprit humain ne peut pas aller plus loin ;
et quand même ses pièces n'auraient jamais

été mises sur la scène, il serait toujours le plus grand des *tragiques*, parce que son mérite est dans la conception de ses sujets, non dans leur exécution.

Baron, *Lekain*, entrant dans la pensée de *Racine*, la rendent sensible au dehors par l'exécution théâtrale; ils sont des *hommes à talent*, de grands *tragédiens*; mais ils ne sont ni *tragiques* ni *artistes*, parce que la conception du sujet ne leur appartient pas, et que leur exécution n'a rien laissé de *permanent*.

On peut faire les mêmes observations sur chacun des Beaux-Arts. Je reviens plus particulièrement à ce caractère de justesse, de sensibilité et d'imagination, qui a conduit les anciens dans la formation du langage; on le remarque sur-tout dans la variété des expressions qu'ils emploient pour désigner la mort, l'idée de ce dernier terme, si répugnante à notre apathique égoïsme, qui croit voir dans sa propre fin, la fin de toutes choses. Ils la rappellaient souvent, et l'animaient de tout le coloris de l'imagination, et de tout le mouvement de la sensibilité.

Ils en exprimaient l'idée simple par le mot
commun : *mori* , *mourir*. Lucain dit :

Victuros que dei celant, ut vivere durent felix esse mori.

« Pour nous faire supporter la vie , les
« Dieux en nous y jettant , nous cachent qu'il
« est heureux de mourir. »

Ils avaient un autre mot figuré dont
l'image était prise de la chute des fruit mûrs
qui , d'eux-mêmes , se détachent de l'arbre.
C'était *occidere* ; on lit dans *Horace* ,

> *Occidit* et Pélopis genitor
> Conviva deorum.

» *Tantale* , qui s'était assis à la table des
» Dieux , n'en est pas moins *tombé de la vie.* »

Ils se servaient encore d'un mot qui signifiait *aller au-devant de l'immortalité* , c'était
obire : on trouve dans *Virgile :*

> Scilicet ultima semper
> Expectanda dies homini est dicique beatus
> Ante obitum nemo, supremaque funera debet.

» Aussi faut-il attendre le dernier jour
» d'un homme pour prononcer sur sa for-
» tune, et nul ne se peut dire heureux avant
» qu'il *ait pris son élan vers l'immortalité,*
» et terminé sa course mortelle. »

3

Ils disaient aussi *oppetere*, pour exprimer rentrer dans le sein maternel de la nature : car ce mot n'est que la contraction de cette phrase : *opem matrem petere.*

On sait que, dans leurs idées mythologiques, *Ops* ou *Rhea* était la terre, épouse de *Saturne* ou le temps : et Virgile l'emploie ainsi :

O terque quaterque beati
Quèîs antè ora patrum, trojæ sub mænibus altis
Contigit *öppétere* !

» O trois et quatre fois heureux ceux
» qui, sous les yeux de leurs pères, devant
» les remparts de Troye, eurent le bonheur
» de *rentrèr dans le sein maternel de la*
» *natúre.* »

Un mot figuré et plein d'ame, qu'ils employaient encore, était *interire*, qui signifie, *aller parmi les ames, se rendre au séjour des ames :* car les anciens avaient toujours l'imagination remplie des idées de la vie future et de l'immortalité ; et Sulpitius, dans une lettre à *Cicéron*, emploie ainsi ce mot :

Eheu ! nos homonciones indignamur, siquis nostrûm *Interit*, cùm tot urbium cadavera projecta jaceant !

» Hélas ! chétives créatures que nous
» sommes , nous nous indignons, quand
» nous voyons quelqu'un des nôtres *passer*
» *dans le séjour des ames* , tandis que la
» terre est jonchée des restes inanimés de
» tant de villes célèbres ! »

Leurs idées morales sur la sainteté du
mariage et sur l'état civil des enfans se prononçait avec la même *justesse* et la même
raison dans les formations des mots qui y
ont rapport.

Du latin *patris* , qui signifie *du père* , et
du grec *monos* , qui veut dire seul , ils avaient
fait le mot *patrimonium* patrimoine , l'héritage du père seul : il semblerait que le mot
corrélatif *matrimonium* , dont la composition
est la même , devrait de même signifier l'héritage de la mère seule , et c'est en effet ce
qu'il veut dire , quoique nous ne lui don-
nions pas ce sens-là.

Mais les femmes n'avaient point de propriété , elles étaient elles-mêmes partie de
la propriété du mari , qui les avait achetées
de leurs familles par des présens. C'était un
usage général chez toutes les anciennes
nations ; on la trouve même dans l'*Histoire
sainte* , où *Jacob* , voulant épouser la fille

de *Laban*, l'achète du père par sept années de service gratuit.

Qu'est-ce que c'était donc que l'héritage de la mère seule ? C'était une *naissance légitime*, et le mot *matrimonium* signifie *propriété de la mère*, le droit exclusif d'être seule mère d'enfans légitimes ; c'est la différence entre *Sara* et *Agar*.

On a méconnu la beauté de ce *sens moral*, quand on a traduit ce mot par celui de *mariage*, qui appartient aux deux époux.

Ils avaient deux mots, pour exprimer l'idée du mariage, sous les deux rapports de l'*acte religieux* et de l'*effet civil* : se marier, se disait *nubere* : on lit dans Ovide :

> Si vis decenter *nubere*, *nube* pari.

» Si vous voulez vous marier convena-
» blement, mariez-vous à votre égal. »

Nubere signifie littéralement, *passer sous la nuée* ; ce mot vient de *nubes* les *nuées*, par allusion à ce voile de soie blanche qu'on élevait au-dessus de la tête des deux mariés, pendant le sacrifice à *Juno pro nuba*, et ce voile représentait les nuées, siège de la déesse qui recevait leurs sermens et sanctionnait l'union religieuse par-là devenue légale.

Junóni ante omnes, cui sacra jugalia curæ. Virg.

» Avant toutes choses, il faut sacrifier
» à Junon déesse tutélaire des rites du ma-
» riage. »

La cérémonie religieuse du mariage s'appellait par cette raison *connubium*, l'entrée ensemble sous la nuée. Quand Junon promet à Eole de lui donner en mariage sa belle nymphe *Diopée*, elle lui dit :

Connubio jungam stabili propriamque
Dicabo.

» Je l'unirai à vous par un *acte religieux*.
» *indissoluble*, et je vous la donnerai en
» propriété. »

Ainsi le mari acquérait la propriété par l'acte religieux, et la femme acquérait la *sûreté de son état, par ce même acte*, qui était un serment fait en présence et sous la *sauve-garde* des Dieux.

Ce n'est que dans des temps bien postérieurs et où la religion et les mœurs étaient déjà perdues, que le divorce s'est introduit. Mais ce qui ne pouvait appartenir qu'à cet *esprit revolutionnaire*, subversif de toute *religion*, de toutes *mœurs*, de tout *ordre public*, c'était de soustraire à la religion l'acte le plus important de la vie, et de *faire de l'union conjugale un bail passé devant le maire.*

Quant à *l'effet civil*, cette réunion des deux époux associés aux travaux et aux soins communs nécessaires à l'entretien de la famille, ils avaient un autre mot, figuré aussi, et dont l'image était empruntée du labourage ; ils disaient CONJUGIUM, *l'union sous le même joug.*

La nuance qui distingue ces deux expressions est clairement marquée dans *Virgile*, par la description de *l'orage* et du refuge dans la grotte. Eperdue d'amour et saisie de frayeur, *Didon* se précipite dans la grotte et le chef des Troyens l'y suit. La passion rapporte tout à soi : les nuages amoncelés, et l'air sillonné d'éclairs, offrent à son imagination, *Junon* venant elle-même consacrer son mariage, elle croit sentir la terre frémir à l'approche de la déesse, elle croit entendre les nymphes jetter du haut des montagnes de longues acclamations, et le ciel ainsi

devient *complice de cette fausse apparence de cérémonie religieuse.*

> Speluncam Dido dux et Trojanus eamdem
> Deveniunt, prima tellus et pro nuba Juno
> Dant signum, fulcere ignes et conscius œther
> *Connubii* summoque ululârunt vertice nymphæ.

Revenue de son ivresse, dont elle ne peut
se dissimuler ni arrêter les conséquences,
elle voudrait lui donner un caractère plau-
sible, elle l'appelle une *union légitime*, un
mariage légal, CONJUGIUM.

« C'est le nom dont elle croit couvrir sa
faute. »

> *Conjugium* vocat; hoc prætexit nomine culpam.

L'idée de l'union civile et indissoluble
était tellement attachée à cette expression,
que le mot *conjux* était commun aux deux
époux. Junon, tirant gloire de cette qualité,
dit :

> Ast ego quæ divûm incedo regina jovisque
> Et soror et *conjux.*

« Et moi, reine des Dieux, qui marche à
» leur tête, sœur et épouse de Jupiter. »

Didon emploie le même mot, en parlant de son mari *Sichée*,

> Anna fatebor enim, miseri post fata Sichei
> *Conjugis*, et sparsos fraterna cœde penates.

> » Anne, ma sœur, je veux bien vous
> » l'avouer, après la mort de Sichée mon
> » époux, et la dispersion de nos pénates
> » par le barbare attentat de mon frère, etc.»

Mais pour le langage commun, ils avaient aussi ces expressions vulgaires que les langues modernes ont seulement conservées : le *mari*, la *femme*, *se marier*, MARITUS, UXOR, MARITARE, dans les géorgiques, parlant d'un économe intelligent, le poète dit : » Il marie » la vigne à l'ormeau. »

> Altasque *maritat*
> Vitibus ulmos.

Ausonne dit aussi dans une épigramme :

> Infelix Dido nulli bene nupta marito :
> Hoc pereunte fugis, hoc fugiente peris.

Ce qu'on a traduit ainsi :

> Didon, que tes maris t'ont causé de malheurs !
> Le premier meurt, tu fuis ; le second fuis, tu meurs.

L'une des Odes d'*Horace* commence ainsi : *Uxor pauperis Ibici* : « Femme du pauvre Ibicus, » et *Virgile* parlant du confluent d'une rivière dans un fleuve, appelle celle-ci : *Uxorius amnis.*

Nos langues modernes formées au hasard dans le tumulte des armes, par le mélange confus des idiômes des nations barbares, accourues de l'Orient et du Nord, pour renverser l'empire romain, recueillirent bien aussi quelques débris de la langue latine ; mais cette soldatesque grossière ne les prit que dans le langage commun de la multitude, et toutes les nuances délicates de la pensée, ces belles allégories morales nées de la raison, de l'imagination et de la sensibilité dans des temps tranquilles, et chez des peuples simples, dont le langage s'était formé lentement, par l'inspiration des besoins et des passions, tout cela fut enseveli sous la barbarie, et les mots de la langue restèrent des sons de convention, sans physionomie et sans âme.

On pensera peut-être que je me suis égaré trop loin dans cette digression ; mais au milieu de ces ruines de l'antiquité, j'aimais à reposer mon âme fatiguée des idées sèches et attristantes qui forment le fonds de ce mémoire, et je devais établir avec solidité la juste interprétation de ce mot *liberté*, dont on a tant abusé sous tous les rapports.

Le mot *liberté* ne signifie précisément qu'indécision, ce n'est assurément pas dans ce sens qu'on l'a pris, dans ces derniers temps. Ce mot vient du latin *libra*, qui veut dire *balance* : la *délibération* est l'oscillation des motifs mis en *balance* dans l'esprit, et la détermination est le trait qui l'entraîne, ce n'est que par une idée secondaire, et comme conséquence de ce premier sens, que le mot *liberté* est devenu l'opposé de celui de *servitude*, parce que l'esclave n'ayant pas la propriété de sa personne, et étant soumis aveuglément à la volonte d'un maître, n'a ni le pouvoir de *délibérer* ni celui de se *déterminer*. Il est dans l'inertie de l'esprit, et c'est en ce sens que *Virgile* fait dire par son vieux berger *Ménalque* :

» La liberté qui, pourtant trop tard, est » venu mettre en mouvevement mon inertie.»

Libertas quæ sera tamen respexit inertem.

Il est donc constant et démontré que ce qu'on veut appeler la *liberté de penser*, n'est pas, comme on le prétend, un droit imprescriptible de l'esprit humain.

Toute publication verbale ou *écrite*, en quelque sorte que ce puisse être, cesse par son émission même d'être une pensée, et devient une action sur la société ; comme *action publique*, elle doit être soumise à la jurisdiction des lois.

On pensera peut-être s'excuser par le prétexte de manuscrit surpris, imprimé sans consentement de l'auteur : cette excuse n'est pas admissible, et la loi doit répondre :
« Puisque vous avez rédigé, mis en ordre,
» et définitivement arrêté en corps d'écrit
» des opinions pernicieuses à la société,
» vous ne pouvez dire que ce soit une pen-
» sée involontaire : c'est un système d'opi-
» nion mûrement réfléchi, et vous êtes cri-
» minel comme celui qui, ayant formé un
» complot d'assassinat, sans l'avoir tout-à-
» fait exécuté, s'est rendu coupable d'un
» commencement d'action : toute opinion
» écrite est déjà une action. »

D'après l'évidence de toutes ces propositions, il ne reste plus qu'une question à examiner : c'est le *mode d'administration*, qui semble le plus convenable pour l'exercice de cette *censure littéraire ;* et ceci doit nous entraîner dans quelques recherches préliminaires sur la *librairie.*

Avant l'invention de *l'imprimerie,* il n'y avait pas d'autres livres que des *manuscrits :* la règle monastique qui obligeait les religieux au *travail des mains,* avait fait de tous les monastères comme autant d'ateliers de copistes, qui multipliaient les livres utiles à l'instruction : Ils ornaient ces copies de miniatures peintes à la gomme, d'un travail parfait, et l'on voit encore de ces anciens manuscrits où la fraîcheur des couleurs, et la vivacité de l'or, conservent tout leur éclat, malgré l'extrême vétusté. Ils tenaient aussi les écoles publiques, et ainsi ils administraient les principes, les exemples, et les moyens de la religion et *des mœurs,* en réunissant toutes les branches de l'instruction.

Les héritiers même du trône, étaient élevés dans *l'abbaye de St.-Denis.* Ils y apprenaient *la science de Dieu,* avant que de recevoir les impressions du monde. L'héroïsme était fondé sur la vertu, et avant la naissance des passions, et les séductions de la flatterie ; dans cet âge , tendre encore,

où la vérité touche avant que d'éclairer ,
une voix secrète les prévenait , en leur
criant au fond du cœur : « Jeune enfant ,
» apprends de moi la vertu et le véritable
» emploi des jours de l'homme , d'autres te
» montreront dans le monde les routes de
» la fortune. » (1)

Ce fut dans cet antique monastère , qu'au
commencement du 12ᵉ. siècle, le roi Louis-
le-jeune (Louis VII) connut et aima , dès
son enfance , Suger , qui fut depuis abbé de
St. Denis , principal ministre de ce prince,
et régent du royaume pendant la première
croisade.

La science proprement dite , et en quelque sorte le privilège d'écrire , qui semblerait y devoir être attaché , étaient renfermés
dans les trois genres de professions essentiellement voués aux études. Les ecclésias-
tiques , les jurisconsultes et les médecins.
les autres classes de la société se bornaient
aux connaissances propres de leur état , et
la masse entière du peuple tenait pour mesure de ses pensées cette parole de Job :

(1) *Disce, puer, virtutem ex me, verum que labo-
rem fortunam ex aliis.* Virg. Æneide. X. 435.

« **Et Dieu dit** à l'homme : Pour toi la sagesse
» est de craindre le Seigneur , et ta science
» sera de fuir le mal. » (1)

La pensée de faire un mauvais livre ne
serait alors tombée dans l'esprit de personne,
où tout au plus elle y serait restée une pensée , car un tel ouvrage n'aurait jamais
trouvé de copiste. C'était une censure naturelle , née de l'ordre des choses.

Quand la découverte de l'imprimerie fut
annoncée , elle excita , généralement , une
admiration enthousiaste. On crut voir le
midi de l'esprit humain ; les premiers trônes
de l'Europe étaient alors occupés par des
princes éclairés , protecteurs des arts et des
sciences. Les *Médicis, Charles-Quint, Fran-
çois premier, Henri* VIII. Ils accueillirent avec
transport cette nouveauté , qui n'était pourtant qu'une perfection de *manipulation* , car
l'invention se réduisait à rendre *mobiles*
et en métal fondu , les caractères qui
jusqu'alors avait été taillés en relief sur des
planches de bois , à la manière de ce qu'on

---

(1) *Et dixit homini Deus : Ecce, timor domini ipsa
est sapientia et recedere a malo , intelligentia.* Job.
XVIII. 28.

appelle aujourd'hui les *stéréotypes*. (1)
Ainsi , l'avantage se réduisait à la facilité
de composer et décomposer les pages , pour
employer successivement les mêmes caractères à des ouvrages différens.

Si l'on avait considéré les choses plus
froidement , et qu'on eût pu prévoir les
conséquences , on aurait reconnu qu'il était
d'une saine politique , autant que d'une
exacte justice , de maintenir les religieux
dans la possession d'une chose qui était leur
propriété , sauf à récompenser l'auteur du
perfectionnement.

Mais ce point de vue si vrai ne fut point
saisi , et l'imprimerie passa pour une invention nouvelle, et d'une incalculable utilité ;
protégée , encouragée , elle détruisit l'art
du copiste , et avec lui la saine critique et
l'emploi moral du talent.

On était accoutumé à voir la librairie
entre les mains d'hommes également recom-

_____

(1) On voyait dans la bibliothèque de M. *le duc
de la Valière*, quelques-unes de ces anciennes planches
de bois employées autrefois dans les monastères et
qui étaient de véritables stéréotypes , dont l'imprimerie n'est qu'une décomposition.

mandables par leurs vertus et leur science. Il est vrai que les premiers successeurs participèrent à cette dignité de mœurs. Les *Caxton*, les *Gryphes*, les *Aldes*, les *Plantin*, les *Etienne*, les *Elzevir* furent des savans distingués, à qui les langues *grecque*, *latine*, source de toute instruction, les auteurs classiques, etc., etc, étaient des connaissances familières. Mais cette première transition fut éphémère comme l'enthousiasme qui l'avait causée. Ce qui n'est pas soumis à une discipline régulière tombe bientôt dans le désordre : les savans se dégoûtèrent, parce que la considération était tombée avec la curiosité, ils abandonnèrent une profession qui ne servait plus qu'à les distraire, des spéculateurs s'en saisirent, et les intérêts particuliers, les dispositions arbitraires, ne purent suivre la marche uniforme d'un *esprit d'Etat.*

L'art devint un métier et la science fut un *commerce :* les imprimeurs sans dépendance, et en rivalité, firent des spéculations mercantiles, des auteurs à gages se mirent à leur solde ; pressés d'écrire avant que d'avoir étudié, la concurrence amena le bas prix, et le travail fut en proportion du salaire. Il n'était plus nécessaire pour composer, d'avoir médité son sujet, on fit des livres avec des livres, et le monde fut inondé de *compilations*, *d'abrégés*, *d'esprits*, *d'essais*, de *journaux*, de *romans*; toutes les sciences furent *dépecées* en *dictionnaires*.....*!* érudition de *boudoirs*, littérature *d'écrans*, qui fournissaient aux plus ineptes des échantillons de conversation ; chacun parla sans savoir ; on décida sans connaître ; il était si aisé de montrer de l'esprit! On aurait cru qu'il n'y avait plus de sots !

Les femmes augmentèrent le désordre, en se mêlant elles-mêmes d'écrire. Etrangères aux principes de l'art, à l'étude des modèles, à la connaissance radicale du langage, elles le corrompirent par de faux emplois des mots, et l'introduction d'un jargon de société, qui n'est pas la langue écrite (1). Les

_____

(1) **On** a vu même une femme plus fameuse encore par sa conduite que par ses livres sur la *religion*, sur la *morale*, sur l'*éducation* et par ses falcifications de l'histoire tournée en *romans*, s'ériger en précepteur des académies, juger définitivement et sans appel de la postérité les grands écrivains du siècle de Louis XIV, et prononcer doctoralement que le Télémaque est très-inférieur aux romans de Mme. Cottin ! ! !

4

écrivains à la journée répétèrent avec con
fiance les expressions d'un sens faux, qu'ils
croyaient du meilleur ton, et l'infatigable
imprimerie, sans critique et sans choix, pro-
pageait toutes les inepties, parce qu'elle n'é-
tait plus qu'une fabrique comme celles des
papiers tontisses et des *toiles peintes* (1).

Jusques-là, il n'y avait d'offensé que le
bon sens et le *bon goût*, et la langue de *Bossuet* et de *Racine* aurait seule péri dans ce
déluge de sottises, comme celle de Cicéron
et de Virgile s'est perdue dans la *basse lati-
nité* du moyen âge; mais quand la dégradation progressive des principes moraux eut
jetté dans tous les esprits une fermentation
générale, et qu'après avoir affranchi toutes
les consciences de l'empire de la religion,
seule base de la société humaine, une secte
qui se disait philosophique entreprit de renverser tous les trônes (2). On peut recon-

(1) Cette observation ne s'applique qu'aux contre-
facteurs des pays étrangers et des provinces, imprimeurs de rapsodies et de pamphlets : il serait bien
injuste de l'étendre jusqu'aux imprimeurs de Paris,
dont plusieurs même sont des gens de lettres distingués.

(2) Voyez les mémoires pour servir à l'histoire du

naitre de quelle imprudence il avait été d'abandonner à la multitude les ateliers de l'imprimerie qui sont les arsenaux de l'esprit humain.

Toutes les passions s'y armèrent, tous les vices, tous les préjugés, toutes les ignorances, tous les secrets sentimens d'intérêt et d'envie s'enrolèrent à leur suite, et l'Europe embrasée par une guerre universelle, et inondée de sang, fut près de rentrer dans le chaos.

Les gouvernemens avaient pourtant fait, et depuis long-temps, quelques tentatives

---

jacobinisme, par l'abbé *Barruel*; le livre anglais, qui a pour titre : proof of a conspiraéy against all the religions, and governement, of europe, carried on in the secret meanings *of frey maçons illuminati,* and rea_ ding-societies, collected from good authorities. By john Robinson professor of phisick, and secretary to the society of Edimburg, London 1777, by *Cadell, and Davies.*

· Preuve d'une conspiration contre toutes les *religions* et tous les *gouvernemens* de l'Europe, ourdie dans les assemblées secrètes des *francs-maçons,* des *illuminés* et des sociétés de lecture, recueillies sur des documens authentiques, par le D. J. *Robinsn,* médecin et secrétaire de la Société royale d'Edimbourg Londre 1777, vol. in-8°.

pour contenir la licence des écrivains, en établissant des censeurs de la librairie; mais ces censeurs étaient eux-mêmes des écrivains juges et parties dans la cause philosophique. Ils se croyaient gens du monde, et prenaient part aux préjugés anti-religieux. Les autorités publiques, elles-mêmes, n'étaient pas exemptes du venin, qui était devenu l'esprit général (1). En 1782, le P. *Navet*, jésuite, avait écrit la relation historique d'une *hostie miraculeuse*, tenue en grande vénération à Bruxelles; le gouvernement en défendit l'impression, et traita l'auteur de fanatique.

Jean-Jacques Rousseau raconte dans ses

---

(2) L'Encyclopédie ayant été arrêtée pour la seconde fois, M. de *** prévint *Diderot* qu'il donnerait le lendemain ordre d'enlever ses papiers et ses cartons. — Ce que vous m'annoncez-là me chagrine horriblement : jamais je n'aurai le tems de déménager tous mes manuscrits, et d'ailleurs il n'est pas facile de trouver en vingt-quatre heures des gens qui veuillent s'en charger, et chez qui ils soient en sûreté. — Envoyez-les-moi, lui répondit M. de ***, l'on ne viendra pas les y chercher. En effet *Diderot* envoya la moitié de son cabinet chez l'homme en place qui en ordonnait la visite.

Extrait de la vie de *Diderot*, par Meister de Zurich, servant de préface à Jacques le Fataliste.

Confessions que, comme il s'enfuyait de
Montmorency, effrayé d'un décret de prise
de corps lancé contre lui, il rencontra sur
le grand chemin les huissiers du parlement
qui venaient pour l'arrêter. Ils le reconnu-
rent, le saluèrent très-civilement, et conti_
nuèrent leur route pour aller verbaliser
qu'ils ne l'avaient pas trouvé à domicile. Les
Athéniens n'en avaient pas usé de même
avec Diagoras surnommé l'Athée (1).

C'est cependant ce même *Rousseau* qui
avait écrit : « Il faut une révolution géné-
» rale; mais si elle doit coûter une goutte de
» sang, je ne suis pas d'avis qu'on l'entre-
» prenne. »

L'absurdité de la restriction, dont la
bonne foi encore est très-douteuse, n'effa-
çait pas l'horreur de ce cri de guerre qui mé-
ritait seul toute la rigueur de la justice, et
il rentre dans ce vœu forcené de *Voltaire*,
d'avoir cent mille hommes à ses ordres.

_____

(1) Diagoras, surnommé l'Athée, se rendit si odieux
aux Athèniens, par ses blasphèmes multipliés, de
vive voix et par écrit, que, l'aréopage se fit un devoir de sévir contre lui ; sa tête fût mise à prix : on
promit un talent à quiconque le tuerait, et deux à
qui l'amènerait en vie; il vivait l'an 416, avant J. C.

On sait que le censeur *Tercier* avait donné au livre de l'Esprit, sans l'avoir lu, une approbation qu'il croyait ne pouvoir refuser à M. *Helvétius*, Maître d'hôtel ordinaire de la reine.

M. Tercier perdit sa place de censeur, et celle de premier commis au département des affaires étrangères. M. *Helvétius* lui fit 6000 fr. de pension; M. *Helvétius* lui-même perdit sa place de Maître-d'hôtel ordinaire de la reine, et fut obligé de publier une rétractation de son livre. Revenu à la circonspection, sans être rendu à la morale, il écrivit son *Traité de l'homme et de ses facultés*, qui est une longue paraphrase du livre de l'*Esprit*. Ces deux ouvrages se sont multipliés par plusieurs éditions. Ils se trouvent dans toutes les librairies et dans toutes les bibliothèques, et continuent d'empoisonner le monde.

Une censure active et impartiale aurait prévenu de funestes effets, sans prostituer une inutile sévérité, qui n'a fait qu'indiquer l'impuissance de la justice.

Les partisans de ce qu'on veut appeler la liberté de penser, ne peuvent plus se dissimuler les dangereux abus qui résultent de cette licence, et ils croyent suppléer la surveillance de la censure , par *l'institution de lois répressives des délits de la presse.*

Serons-nous donc toujours dupes des mots , et les idées les plus communes se dénatureront-elles , parce qu'on leur applique des expressions *néologiques* qui les défigurent ?

Une loi répressive n'est rien autre chose qu'une loi *criminelle* appliquée à tel ou tel genre de délits; mais la loi criminelle ne pouvant exercer son action, que sur le crime déjà commis, elle est précédée par la loi de police, dont la surveillance prévient le crime, autant qu'il est possible, et le coupable d'*intention* ne devient *criminel de fait* qu'en se dérobant à la vigilance de la police. Comment dans le genre le plus délicat, où celui qui se rend coupable peut être de bonne foi, et ne pas prévoir les conséquences de son action, pourquoi voulez-vous l'attendre au fait pour le *réprimer,* quand vous pourrez l'empêcher de faillir? où est la justice où est l'humanité?

Quelle que faible et insuffisante , comme on le voit, que fut la forme adoptée, jusqu'à présent, pour la *censure des livres,* on la trouve encore trop gênante : Est-il possible qu'on regarde encore comme une violence faite à l'esprit humain, ce *contrôle* apposé aux opinions émises dans le public, et qui pourtant est d'un intérêt bien plus pressant que celui qu'on applique aux métaux.

Que penserait-on d'un législateur qui dirait : « Il n'y a pas besoin de gardes et de » juges de police, il suffit d'exécuter le criminel quand il est pris ? »

Une autre considération, c'est que dans les crimes ordinaires, l'action ne va pas plus loin que le crime même : mais dans les délits de la presse, il n'en est pas ainsi, leur suite n'a plus de terme ; vous avez réprimé l'auteur d'un mauvais livre : mais les éditions de l'ouvrage n'en seront que plus multipliées, la curiosité publique n'en sera que plus vive, l'avidité des *colporteurs* plus active, l'orgueilleuse sottise de l'écrivain n'en sera que plus gonflée (1). Il se proclamera

---

(1) L'histoire critique de l'Ancien Testament, par *Richard Simon*, ayant été arrêtée à l'impression, sur les réclamations de M. *Bossuet*, six exemplaires seulement échappèrent à la proscription, et n'en devinrent que plus précieux. L'un d'eux fut vendu 134 liv. chez M. le Duc *De la Vallière*. L'ouvrage

le *martyr* de la raison humaine, la victime d'un gouvernement tyrannique : On a vu, dans le siècle dernier, un mauvais écrivain réfugié en pays étrangers, tandis que son livre était condamné au feu, par arrêt du parlement, insulter à la justice et parodier ironiquement ce vers d'*Ovide* :

Parve, nec envideo, sine me liber ibis in urbem.
Parve, nec envideo, sine me liber ibis in ignem.

et peu d'années avant la révolution, un autre misérable écrivain qui cherchait de la réputation dans sa sottise, ayant été décrété par le *châtelet*, trouvait d'autres sots qui lui écrivaient : « à *Socrate*, dans sa prison. »

Quels fruits donc tirerez-vous de votre loi répressive ?

L'usage de la *presse* est une branche importante d'*administration*, et qui mérite toute l'attention d'un gouvernement éclairé.

L'esprit humain va toujours se développant, et jetant de nouveaux rameaux, comme par une sorte de végétation morale, qui

---

n'était alors que d'un volume in-4ª. ; *Richard Simon* passa en Hollande, et fit réimprimer son livre, qu'il grossit jusqu'au nombre de six volumes du même format.

doit être constamment aussi dirigée par la *taille* et par la *greffe*. L'infinie variété de ces circonstances produit successivement une foule de combinaisons nouvelles des intérêts et des passions, les opinions s'altèrent ou se changent entièrement, les mœurs en reçoivent l'empreinte, et la génération qui va naître ne ressemblera jamais parfaitement à celle qui la précédait.

Mais ce qu'on appelle le progrès des mœurs n'en est pas le perfectionnement, ce n'est que le développement croissant sans cesse des effets de l'industrie, des découvertes dans les arts, des recherches dans les sciences, enfin de cette inquiétude dans l'esprit qui multiplie sans relâche tous les stimulans de l'intérêt et des passions, en nous éloignant toujours de plus en plus de la nature.

Chez les anciens cette marche était lente, parce qu'ils n'avaient pas cette facilité de communiquer ses pensées et de propager ses opinions comme l'imprimerie la fournit aux modernes. Il fallut sept cents ans au peuple romain pour tomber des sages et religieuses institutions de *Numa* dans les mœurs corrompues et licencieuses qui entraînèrent la

chûte de la république, et nous venons de
voir comment, en moins d'un demi siècle,
une poignée d'écrivains, avec la charlatane-
rie philosophique, nous a fait passer de
l'excès religieux des disputes sur le jansé-
nisme, à la stupide barbarie des *théophilan-
tropes* et des sociétés de l'*homme sans Dieu.*

L'imprimerie est devenue le dépôt général de tous les mouvemens de la pensée humaine; une chronologie *bibliographique*
faite avec ordre et exactitude, présenterait
une échelle juste de toutes ces demi-teintes
et des nuances de dégradation, par lesquelles
ont passé les opinions de nos pères pour de-
venir nos opinions modernes. Comparez,
en les mettant en regard, les *Mémoires sur
l'Histoire de France*, les *romans* et les pièces
de théâtre, époque par époque, vous y re-
connaîtrez la teinte uniforme de chaque
siècle.

On sera effrayé de la puissance que l'imprimerie exerce sur les esprits, si l'on con-
sidère l'accélération de mouvement qu'elle
a donnée aux affaires générales du monde,
ensorte qu'il s'est accumulé plus d'événemens
et d'une importance plus grave depuis le
commencement du xve. siècle jusqu'à nos

jours, qu'il ne s'en était passé depuis la naissance des sociétés. Les anciens Egyptiens avaient un instrument qu'ils nommèrent le *nilomètre*, par lequel ils mesuraient les crues du Nil, les dirigeaient sur les terres, tournant en irrigations fécondantes ce qui n'eût été qu'un débordement dévastateur. C'est l'opération que doit faire la *censure des manuscrits*, et ce travail est si important pour la société, que le corps qui en serait chargé, devrait avoir le caractère et l'autorité d'une cour de justice.

Il résulte donc de toutes ces observations que la censure des manuscrits présentés à l'impression, ayant pour objet la conservation de la religion, des mœurs et des lois établies par le gouvernement, elle ne peut être indifféremment confiée à quelques particuliers isolés, dont rien ne garantit les principes dont rien n'assure les jugemens, et dont les décisions peuvent être arbitraires, injustes, intéressées ou prévenues.

Il s'agit de la garde de la religion, des mœurs et des lois, c'est le plus grand intérêt de la société, et cette garde ne sera suffisamment autorisée, respectée et irrécusable, qu'autant qu'elle sera remise à une

sorte de cour de justice, telle que le tribunal des maréchaux de France, pour les
questions du *point d'honneur*, et le tribunal
de commerce pour les questions d'intérêt.

Elle devrait être composée d'un certain
nombre de personnages justement estimés,
par leur intégrité et leur doctrine sur les
objets soumis à leur examen; ce tribunal
par sa constitution même serait indépendant
de toute influence extérieure, affranchi de
toutes considérations particulières, ainsi
qu'il convient aux administrateurs de la justice.

Un ouvrage soumis au jugement de cette
cour serait *analysé* par des commissaires
nommés à cet effet, et rapporté par eux devant la chambre pour y être définitivement
jugé.

Quand le manuscrit serait trouvé digne
de suppression, ou porterait sur un registre
le titre de l'ouvrage, l'abrégé succinct des
principes qui l'ont fait condamner, et le jugement porté contre lui : il en serait remis
copie à l'auteur, le prévenant que si cet ouvrage reparaît imprimé en pays étranger, on
déguisé sous un nouveau titre, il sera pour-
suivi criminellement.